PROMENADES POÉTIQUES

ET

DAGUERRIENNES.

ENGHIEN-LES-BAINS,

(Seine-et-Oise).

Avec Vues Photographiées et Notes historiques

PAR

Louis-Auguste MARTIN,

Sténographe de l'Assemblée Nationale Législative.

PARIS,

CHEZ COMON ET Cⁱᵉ, QUAI MALAQUAIS, 15.

1851

PROMENADES POÉTIQUES

ET

DAGUERRIENNES.

ENGHIEN-LES-BAINS,

(Seine-et-Oise),

AVEC VUES PHOTOGRAPHIÉES ET NOTES HISTORIQUES,

PAR

Louis-Auguste MARTIN,

Sténographe de l'Assemblée nationale législative.

PARIS,

CHEZ COMON ET Cⁱᵉ, QUAI MALAQUAIS, 15.

—

1851

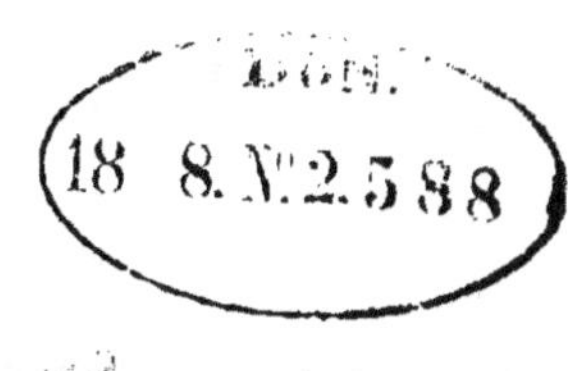

ENGHIEN-LES-BAINS.

Allons ! suivons la foule, importune compagne,
Quand on veut de Paris s'enfuir à la campagne,
Un dimanche, et l'été ! Mais le chemin de fer
Nous fait, en un clin d'œil, changer de vue et d'air,
Nous porte sous un ciel de bénigne influence,
Et nous permet enfin de goûter l'existence.

Nous passons Saint-Denis à l'aspect consterné,
De sa flèche gothique encor découronné ;

Et bientôt apparaît, au fond d'une vallée,
La station d'Enghien, blanche et d'arbres voilée.

C'est là le rendez-vous de l'opulent loisir,
Et du mal languissant, et du fougueux plaisir,
Où des artisans, même, après six jours de peine,
S'en viennent le dimanche un peu reprendre haleine,
Humer, à pleins poumons, l'air pur et spacieux,
Et voir, tout un grand jour, le bel azur des cieux.

Près du chemin de fer nous suivons l'avenue

Qui de la station mène à la Grande-Rue,

Défilé de maisons diverses de couleur,

D'ornement, de contour, d'espace, de hauteur,

Dont la variété répond à l'assemblage

De gens bariolés de but, de mœurs, d'usage.

Bientôt nous arrivons au site le plus beau

Où le lac, sous le ciel, étend sa nappe d'eau.

Voici les Bains d'Enghien et leur pompe hydraulique ;

Là viennent se tremper, dans l'onde sulfurique,
Des corps endoloris, des membres souffreteux,
Perclus, paralysés, étiques et goutteux ;
Lentes infirmités qu'en désespoir de cure
Le prudent médecin renvoie à la nature.
Dans cette onde, trois mois, bien des gens immergés,
En sortent non guéris, mais au moins soulagés.
D'autres vont à la source où, jaillissant de terre,
De soufre plus chargée elle est plus salutaire,
En boivent à plein verre, avec avidité,
Pour refaire leur sang que Paris a gâté.

Autour des bains d'Enghien règnent de frais ombrages,
Bosquets, chemins sablés, arbres, épais feuillages,
Sources, rochers, bassins, gazons de fleurs semés,
Tunnel de clématite et berceaux embaumés ;
Jardin qui, chaque année, ouvre ses promenades
A tous les visiteurs, bien dispos ou malades.

En face est un hôtel, les *Quatre-Pavillons*,
Aux modernes contours, aux somptueux salons,
Où vont se reposer de la ville importune
Ceux à qui la santé rit moins que la fortune.

Ici l'on a pour eux ; au gré de leurs désirs,

Uni le confortable aux champêtres loisirs ;

Soins de jour et de nuit, régime hygiénique,

Réunions du soir, journaux, billard, musique ;

Puis, l'espace, la vue et l'air pur d'alentour,

De tous les agrémens complètent ce séjour.

Mais de notre Paris le trop gai voisinage

Au doux repos d'Enghien souvent porte dommage ;

Et son grand parc, deux fois la semaine, et la nuit ,

En attirant la foule, attire aussi le bruit.

Beaucoup de jeunes gens, las des bals de la ville,

Qu'étouffaient dans leurs murs la *Chaumière* et *Mabile*,

Pour donner plus d'espace à leurs joyeux ébats,

En groupes animés portent ici leurs pas,

Foulant l'herbe et le sable, et remplissant la salle.

Voici l'heure du soir où l'orchestre s'installe,
Où du gaz allumé les scintillans rayons
Du champ le plus voisin éclairent les sillons.
Le pauvre paysan, à l'échine inclinée,
D'un dernier coup de pioche achève sa journée.
Là, le rude labeur, ici, le gai loisir,
Quand l'un sue au travail l'autre sue au plaisir.

Au signal convenu la foule, dans l'arène,
En quadrilles serrés s'agite et se démène,
Et les couples lancés, dès les premiers accords,
Par des contorsions se torturent le corps.

Mais tandis que l'orchestre et les danseurs font rage,
Moi, j'aime à me blottir derrière le feuillage,
Où la brise m'apporte avec les sons joyeux
Le doux baume des fleurs qui parfument ces lieux.

A des jeux moins bruyans le lac nous sollicite,
Et tous les canotiers lui doivent leur visite.

Par son magique ensemble, il montre aux yeux ravis
Une petite Suisse à côté de Paris;
Voyage en abrégé du grand lac de Genève,
Le tour du lac d'Enghien en une heure s'achève.
De son embarcadère, encombré de bateaux,

Nous partons, et la rame, en sillonnant les eaux,
Nous berce mollement de son bruit monotone.
Un magique tableau soudain nous environne :
Les hauts peupliers verts dans l'espace élancés,
Les saules arrondis, en panaches baissés;
Les roseaux sur la rive alignés en bordure,
Forment autour du lac un cercle de verdure.
Entre les frais bosquets, les charmilles, les fleurs,

On voit, divers de forme, et brillans de couleurs,
Elégans pavillons, châlets, maisons champêtres
Montrer timidement leurs toits et leurs fenêtres.

Dans le fond se découvre un beau castel anglais,
Du soleil, tout le jour, projetant les reflets,
Isolé dans un parc, loin du bruit et du monde,
Sur un grand tapis vert que la faucille émonde.

Là, sous un pont de bois où glissent les bateaux,
S'ouvre le petit lac à l'île de roseaux.
En ce lieu retiré si nous touchons à terre,
Et prenons un sentier tournant et solitaire,
Bientôt nous admirons de charmantes villas.

Que voilent les sorbiers, les ifs et les lilas ;

Puis, de grands peupliers une profonde allée,

Magnifique rideau qui coupe la vallée ;

Le plus léger zéphyr le met en mouvement,

Et par un monotone et doux bruissement

Accompagne nos pas comme une rêverie.

Un ruisseau coule au pied et baigne la prairie ;

Nous le suivons, d'Enghien toujours plus éloignés,

Jusqu'au petit bois *Jacque* aux chemins alignés.

Sur un banc abrité d'un mobile feuillage,

Nous goûtons à loisir le silence et l'ombrage.

Mais tout à coup voici que le chemin de fer

Vient troubler cet Eden par son fracas d'enfer,

Et que le roulement du wagon sur sa roue

De notre paix sereine un moment nous secoue.

Puis, le calme revient aussi prompt qu'il a fui.

Le convoi disparaît, ne laissant après lui,

Qu'une blanche vapeur qui se perd dans la nue.

Le jour baisse et faiblit : remontant l'avenue,

Ou traversant les près, nous gagnons *Saint-Gratien*

Dont l'humble aspect contraste avec l'éclat d'Enghien.

Mais qui de Catinat partageant la mémoire,
A l'abri de ce nom s'est glissé dans l'histoire.
Voici du maréchal le modeste château,

Vieux monument paré d'un badigeon nouveau.
Là, pour se reposer des travaux de la guerre,
Comme Cincinnatus il cultivait la terre.
Le touriste penseur retrouve avec plaisir
Dans ce petit village un si grand souvenir.

Enghien nous fait ainsi tour à tour apparaître
Le simple et le brillant, l'illustre et le champêtre.

Le soir, quand le soleil, comme un brillant adieu,
Brode autour du nuage un liseré de feu ;
Avant que l'horizon ne se couvre d'un voile,
Et qu'au fond du ciel bleu ne scintille une étoile :
C'est l'heure solennelle où le lac est plus beau,
Où l'on aime à s'asseoir tout au bord, à voir l'eau
Se rider mollement sous la brise, et les cygnes
Dans ce miroir du ciel tracer de blanches lignes :
Alors on pense, on rêve à mille objets. ... à rien ;
Non pas seul, mais une âme, un cœur auprès du sien,
Un regard attentif qu'un sourire illumine,
Une moitié de soi qui toujours vous devine.
On demeure ainsi calme et pensif, à la fois,
Dans un silence doux qui dit plus que la voix.
Alors on sent, on goûte, on savoure la vie,
Et l'on craint lâchement qu'elle vous soit ravie ;
Car on n'entrevoit pas de bonheur plus réel ;
Et des plus beaux destins que la Foi montre au ciel,
Je ne désire, moi, que celui qui prolonge
Cette heure à l'infini, ne fût-elle qu'un songe.

Aout 1851.

NOTES.

Page 4.   La station d'Enghien, blanche, et d'arbres voilée.

ENGHIEN-LES-BAINS (Seine-et-Oise), village dépendant de la commune de Deuil, à l'entrée de la belle et pittoresque vallée de Montmorency. Son origine remonte à peine au-delà de trente ans, à l'époque où l'eau sulfureuse qui coulait en cet endroit fut enfin reconnue et appréciée, et donna lieu à un établissement de bains. Alors, des maisons de campagne, des villas, des hôtels, s'élevèrent comme par enchantement, et formèrent le plus gracieux séjour de la vallée de Montmorency.

Bien que le climat y soit un peu humide, à cause de la présence du grand lac, de plusieurs étangs et ruisseaux, il y règne une certaine égalité de température très favorable à la santé.

La prédilection de J.-J. Rousseau pour cette belle contrée est justifiée par une riche culture et des terrains heureusement accidentés; il est vrai que la construction du chemin de fer du Nord en a coupé l'aspect et un peu dégradé les beautés champêtres, néanmoins c'est aujourd'hui encore une des plus belles promenades des environs de Paris.

Page 5.   Voici les bains d'Enghien et leur pompe hydraulique.

Les eaux sulfureuses d'Enghien ont coulé jusqu'à la fin du dernier siècle sans qu'on ait songé à en tirer parti; on les dédaignait comme fétides et incapables d'être employées à aucun usage.

En 1766, le Père Cotte, curé de Montmorency, naturaliste distingué, fit, le premier, connaître la propriété de ces eaux. L'académie des sciences les analysa et les médecins en ordonnèrent l'usage à plusieurs malades. Mais ce n'est qu'en 1821 que fut fondé par Peligot, l'établissement actuel; et depuis ce temps les eaux d'Enghien furent généralement adoptées en concurrence des eaux de Bonnes. Il y a plusieurs sources dont l'aménagement a été fait avec soin; conduites du réservoir par des canaux de zinc, les eaux vont alimenter des cabinets particuliers où elles sont administrées sous forme de bains froids ou chauds, purs ou mélangés, en douches ou en vapeurs.

On les prend aussi intérieurement, soit pures, soit mêlées à des infusions ou à du lait. Leur odeur d'œuf pourri répugne d'abord, mais en se bouchant les narines on en boit sans trop de dégoût.

La base de cette eau minérale est un hydrosulfate de chaux mêlé de quelques traces d'hydrosulfate-magnésien et d'acide hydrosulfurique libre. Elle paraît se former dans un banc de gypse par la décomposition réciproque du sulfate calcaire et des matières organiques qui l'accompagnent.

La quantité de soufre que contient cette eau étant égale en toute saison, on peut en puiser hiver comme été, et elle se conserve longtemps en bouteille.

Voici les principales maladies auxquelles l'eau d'Enghien est appliquée avec avantage : les spasmes nerveux, les bronchites à l'état aigu, les scrofules, les engorgemens glanduleux, la leucorrhée, la chlorose, la gastralgie, les maladies cutanées de diverses sortes, les ulcères chroniques, la goutte, les rhumatismes, les névralgies, les ophthalmies, la laringite chronique. (Voir pour plus de détails, l'ouvrage du docteur Réveillé-Parise, *Une saison aux eaux minérales d'Enghien*, 1842.)

Page 7.   Ici l'on a pour eux, au gré de leurs désirs....

M. Réveillé-Parise dit avec raison : « Que l'on choisisse deux établissemens dont les eaux aient des qualités identiques, l'un dans un pays triste, désert, où tout inspire l'ennui, l'autre dans une riante position, où il y aura de nombreuses réunions, toutes choses égales d'ailleurs, on obtiendra certainement moins d'effets avantageux dans le premier que dans le second. Le déplacement, la variété des lieux et d'atmosphère, le régime différent, plus large ou plus sévère, ou autrement réglé, le changement de sensations habituelles, les nouvelles sociétés, les rapports changés avec le monde, le tourbillon où l'on est jeté, les distractions plus ou moins réitérées, etc., que de causes pour agiter, pour ébranler doucement l'économie, pour lui imprimer des modifications presque toujours favorables ! Il se fait alors une sorte de révulsion physique et morale singulièrement avantageuse. Ce qui le prouve, c'est qu'on a vu des malades rester dans un établissement thermal à la mode, s'y complaire et parfaitement guérir, sans avoir pris un bain, une douche, sans avoir bu une goutte de l'eau minérale qu'on y distribue. »

Et plus loin : « La nature et l'art contribuent largement pour leur part au soulagement des malades. Plus il y a de choses extérieures et intérieures qui concourent à ce but, et plus, en effet, les guérisons sont nombreuses et hâtives; c'est un aphorisme de simple bon sens qu'on ne doit jamais oublier quand il s'agit d'eaux minérales. » (Ouvrage précité, p. 124 et 174.)

Page 8.   A des jeux moins bruyans le lac nous sollicite.

Le lac d'Enghien a environ 1,000 mètres du sud au nord ; sa largeur moyenne est de 500 mètres et sa superficie est de 35 hectares ; sa profondeur varie de 1 à 4 mètres au temps des basses eaux, et de près de 5 mètres dans le moment des crues. Il est encaissé par un revêtement en pierres de taille, et par des bordages en madriers de chêne, sur une étendue de 18 mètres de pourtour. Il est alimenté par des ruisseaux d'eaux vives qui viennent de Soisy, d'Eau-Bonne et d'Ermont, et de sources qui coulent dans les prairies voisines.

Au milieu de ce lac est une île de 70 ares de surface où les canotiers peuvent prendre terre et se reposer.

L'eau du lac est limpide et calme, et le poisson qu'on y pèche est d'une chair ferme et succulente. Tous les trois ans, le lac est vidé, et l'on en tire une grande quantité de poissons d'espèces variées.

Page 11.   . . . . . . Nous gagnons Saint-Gratien,
             Dont l'humble aspect contraste avec l'éclat d'Enghien.

SAINT-GRATIEN était le nom d'une terre qui, au treizième siècle, dépendait de Montmorency.

Le village doit, sinon son origine, au moins son accroissement à la présence de l'illustre Catinat lorsqu'il vint passer les dernières années de sa vie dans ce domaine isolé.

Situé au-delà du lac d'Enghien, ce village offre à ceux qui craignent le bruit et la foule du dimanche, un refuge paisible et champêtre, et un confortable peu dispendieux. On trouve surtout au café *Giouani*, à très bon compte, bon lit, bonne table et bonnes gens.

Page 12.   Voici du maréchal le modeste château.

Catinat joignait au génie des batailles la douceur du caractère et la simplicité des mœurs. Ce *père la Pensée*, comme l'appelaient ses soldats, se retira dans sa vieillesse à Saint-Gratien, où il vécut d'un faible revenu et d'une pension que Louis XIV lui accorda fort tardivement.

Ce domaine a été morcelé et vendu ; il ne reste plus que le jardin et le château dont la *bande noire* a médité plus d'une fois la destruction. Heureusement, il a trouvé des acheteurs amis éclairés des monumens historiques ; et le château de Catinat doit à ses derniers propriétaires d'avoir été conservé et restauré.

Paris. — Typog. FÉLIX MALTESTE et Cᵉ, rue des Deux-Portes-Saint-Sauveur, 22

Ouvrages du même auteur.

ESSAI SUR L'ORIGINE DU LANGAGE ET DE L'ÉCRITURE ; brochure in-8°
avec planches (1834).

HISTOIRE DE LA CONDITION DES FEMMES CHEZ LES PEUPLES DE L'AN-
TIQUITÉ ; 1 vol. in-8° (1839).

LE LIVRE DU CŒUR, OU ENTRETIENS DES SAGES DE TOUS LES TEMPS
SUR L'AMITIÉ ; 1 vol. in-8° (1843).

ESPRIT MORAL ET POÉTIQUE AU 19ᵐᵉ SIÈCLE ; un vol. in-12 (1844).

HISTOIRE MORALE DE LA GAULE ; 1 vol. in-8° (1847).

PROMENADES POÉTIQUES ET DAGUERRIENNES : BELLEVUE — CHANTILLY
— FNGHIEN-LES-BAINS.

PARIS. — TYPOGRAPHIE ET LITHOGRAPHIE FÉLIX MALTESTE ET Cⁱᵉ,
Rue des Deux-Portes-Saint-Sauveur, 22.